MI VIDA EN VERSO

GONZALO MONTUFO SALINAS

Aliar ediciones

Corrección: Eladia Guerrero
Diseño de cubierta: Aliar Ediciones
Maquetación: Aliar Ediciones

Depósito Legal: GR 840-2025
ISBN: 979-13-87823-36-8

Impreso en España

MIXTO
Papel | Apoyando la silvicultura responsable
FSC® C127630

Edita
ALIAR Ediciones
www.aliarediciones.es
info@aliarediciones.es

MI VIDA EN VERSO

GONZALO MONTUFO SALINAS

NOTA DEL AUTOR

Los poemas que vais a poder leer a continuación han sido creados en distintos momentos de mi vida.

Recogen sentimientos, frustraciones, esperanzas, desesperanzas, amores y desamores, lloros y alegrías, y todo lo que mi alma sentía en el momento en que lo escribía.

La obra está compuesta por versos libres que riman o no riman, pero son versos, es un pedazo de mi alma, un pedazo de mi vida que quiero compartir con vosotros, y espero que lo disfrutéis; abarca desde mi primer poema, naif, hasta los últimos sentimientos que acontecen mi vida.

Es mi vida en verso, o los pedazos escritos de mi alma.

Gonzalo Montufo Salinas

PRIMER POEMA

Fuentecilla pintoresca que en esa placita estás,
qué agua tan buena y tan fresca regalas al paladar,
rodeada de flores y bancos para descansar.
Te visita tanta gente
que cuando te quiero mirar
tengo que esperar un rato para poderte observar.
Fuentecilla pintoresca, quiero volverte a mirar.

14 DE FEBRERO (15 AÑOS)

Cuando te vi entrar,
me gustó tu caminar.
Cuando te vi hablar,
me gustaron tus labios.
No me atrevía a acercarme,
eras demasiado para mí.
Era yo solo un chico que no era muy normal.
Te veía en clase, te veía en mi casa.
Pero solo en mis sueños...
No podía competir con los chulapos.
No podía competir, parecía de trapo.
Al fin me decidí,
solo sabía tu nombre de oírlo en las listas.
Te empecé a tirar los tejos,
para ser alguien en tu vida.
¿Por qué tú no me hacías caso?
Yo sufría, te inventaba,
me dejaste huella.
Continuaba persiguiéndote,
el Cowboy y José ocuparon mi lugar.
Y otros más que no me atrevo ni a nombrar.
Y mientras María estaba por mí,
yo estaba por ti.
Me dejaste huella.
Me faltabas,
yo lloraba y se lamentaba mi triste corazón.

Pero al final el 14 de febrero
la fecha de mi vida.
La fecha en la que te dije *te quiero*.
Te diste cuenta,
apreciaste algo interior.
Hiciste caso de ello y dijiste sí.
Desde entonces eres la persona más importante de mi vida.
Desde entonces eres mi niña.

LA SOLEDAD Y EL CAMALEÓN

Solo en este hormiguero,
sin nadie, sin apoyo.
Ese apoyo que también busco y lo encuentro fuera.
Sin embargo, dentro,
estoy rodeado de gente pero a la vez solo.
Busco compañía en el mismo sitio que la encuentro fuera.
Pero aquí hallo a un camaleón,
que ha cambiado de color para mí.
¿Por qué?
¿Por qué, camaleón?
¿No te gusta tu color fuera del hormiguero?
Yo no te doy motivos, soy transparente.
Soy igual fuera y dentro del agujero.
Pero... ¿hasta cuándo tendré que soportar tus colores?
¡Oh, infame camaleón!

SERES REFLEXIVOS

Cariño, escucha, cariño.
Se nos pide, se nos enseña, se nos educa
a ser seres reflexivos.
No lo somos, no.
No lo somos, sobre todo yo.
Dónde está la reflexión
cuando se coarta la libertad.
Dónde está la reflexión y dónde está el amor.
Pero en el más leve descuido surge no sé qué...
Y me convierto en una bestia egoísta.
Perdona, amor, perdona,
y ruega para que esto funcione entre los dos.
Tengo miedo, pero no miedo terrenal,
sino miedo espiritual.
Miedo en mi espíritu,
temeroso de perder a lo más preciado de mi vida.
Temeroso de no encontrar la salida.

SENTIMIENTOS A LAS UNA

Sigo aquí sentado, esperando... ¿qué?
¿Qué espero?
¿No puede ser que anhele algo que no tengo?
Oigo el cantar de los pájaros en la primavera,
la gente hablando de fiestas.
Veo el sol, siento el aire acariciando mis mejillas,
y mi pelo no ondea por ser corto.
Sin embargo, a pesar de esto,
para mí está nublado, hay un nubarrón encima de mi cabeza.
Y alguien me apunta desde arriba con un rayo mortal.
Me apunta en lo alto de la testa.
Me presiona, me agobia y me aplasta.
Se me saltan las lágrimas, me descompongo.
Y todo por idioteces y habladurías.
Estoy harto, harto de ser un pelele moldeable.
Pero la culpa la tengo yo.
Por no mostrar mis dientes.
¿Qué dientes?
Si he ocupado la boca con besos y dulces palabras.
Con voces y regañas.
No he tenido tiempo de mostrar mis dientes.
Pues no creo parecerme en nada a un perro.
Bueno, a un perro faldero.
Sé bien que soy estúpido y he perdido mi dignidad.
Pero lo he hecho por amor.

¡Ay!, me siento como una raza en extinción.
Como un ratón con el gato al lado.
Como un piojo en cabeza antes del lavado.

PENSAMIENTOS A LAS DOS

Debería ser un líder,
porque condiciones tengo.
Pero lo que pasa es que no quiero.
Soy simple, soy así.
No pienso arrepentirme de mi decisión.
Seguiré erre que erre, erre que erre con mi postura.
¿Qué deseas tú, aurora?
Soy así y así seguiré.
Nunca de modo de ser cambiaré.
Romántico, pasional,
confiado y legal.
He sentido alguna vez perder el tren.
¿Qué digo alguna? La mayoría de las veces.
Sin embargo, sigo con los pies en la tierra.
No me limito a hacer castillos en el aire.
Hago cuevas en la tierra.
Cuevas en las que deseo meterme.
Con mis bártulos, mis amigos y las personas que quiera.

EL PASADO

Te puedo pedir, te puedo rogar y suplicar.
Pero me ganan el terreno, me he convertido
en un objeto de usar y tirar.
Sí, me siento usado, usado y tirado.
Mientras esto siga funcionando como un juego,
será lo que yo no quiero que sea.
Me siento decepcionado; sonrisas a extraños,
disgustos a propios.
Sé que esto no lo haces conscientemente,
pero ya lo he comentado y hablado.
Pero no parece que dé resultado.
Parece que la sombra del pasado que planea
sobre nuestras cabezas me gana la baza.
Estoy harto de las apariencias.
Pues soy simple y deseo que lo sean conmigo.
Importante que me prestes tu abrigo.

EL LOBO Y SU AULLIDO

Callad, escuchad.
Vamos a sentir al lobo aullar.
¿Cómo? ¿No aúlla? ¿Qué le pasa?
Tiene el grito ahogado, ahogado por una soga.
Le engancha, le duele.
Le duele en el cuello y le duele en el alma.
Es un lobo de instinto asesino.
Marca su territorio con orines y defiende a su hembra.
¿Qué le pasa al lobo estepario?
Le duele en el cuello, le duele en el alma.
Está herido y no por una bala.
Está herido, rehúye, gruñe, ¡muerde!
Pero no a quien debe morder.
Gente indefensa, animales fieles a él.
Debería morder sus ataduras.
No tiene.
No tiene porque son interiores y provienen de su corazón.
Él se mete en su cueva, piensa y medita.
Masculla, solloza e intenta dar solución.
La solución no viene, la espera y no viene.
Él morirá como un lobo más.
En su cueva, en su nido,
solo y herido.
Muerto y remuerto, las alimañas van a su entierro.
Se lamentan, y entre ellas, ella.

Dulce loba, ya no es tiempo.
El tiempo fue cuando eras rosa, y le clavaste tus espinas,
le clavaste tus pinchos,
y lo convertiste en un sujeto pendiente y errante.

VIDA CLARA, MENTE TURBIA

La vida es una película,
en mi película se ve claramente su argumento.
Su desarrollo está marcado.
Pero mi mente está turbia, como el agua de un lago
contaminado.
No se aclara, ¡debo aclararla!
No puedo, qué tengo, no lo sé.
¿Tú lo sabes?
¿Acaso tengo un mal de ojo echado?
¿Por qué no me salen las cosas como deben salir?
Agobio, tensión, angustia, ANSIEDAD.
¿De qué?, de nada.
Pues si es nada, por qué estoy así, no lo sé.
¿Tú lo sabes?
¿Es verdad que todo va bien?
Cómo va a ir bien si no estás en tu sitio, idiota.
Si soy idiota, idiota por quererlo todo,
idiota por creer estar en otro tiempo,
idiota por tener prisa.
Pero es que todo el mundo se cansa de lo bueno, no lo sé.
¿LO SABES TÚ?

GENERACIÓN X

Somos la X, de una ecuación política y atemporal.
Ni el mejor matemático podría resolverla solo con verla.
Da miedo, a ella no te puedes presentar.
Ya tiene su tarjeta; paro, agobio, tensión, terrorismo, delincuencia.
Y el que estudia sin paciencia.
Debido a...
Debido a... a la X.
La gente estudia, ya somos cien millones de licenciados.
Por lo tanto, noventa y nueve millones de parados.
¿Qué piensas? ¿De qué lado estás?
¿Con qué facción?
¿Con qué segmento de la facción?
¿Tienes algo claro, o lo ves todo turbio?
¿Ves algo, o lo que ves es la X?
Esta generación es un lío.
Derechas que no dicen ser de derechas.
Izquierdas que no dicen ser de izquierdas.
¿Somos todos del centro?
¿Pertenecemos a un conjunto?
¿A una incógnita?
¿Pertenecemos a una nación?
Pertenecemos a una generación.
A la generación X.
¿O a la X de la generación?

HOLOCAUSTO

Un minuto en la calle como perro olvidado.
Un día sin casa como un desahuciado.
Un mes sin país y un año sin mundo.
Todo profundo como un puño lanzado al estómago.
Los vómitos regurgitan y las venas se ensanchan,
se funde la piel cansada.
Un grito ahogado, un lamento olvidado.
Sollozo en la montaña,
un muerto en el asfalto.
Asesinato en primer grado.
La mente espesa, los ojos inundados.
Se cae el pelo, renace el horror.
Cáncer, sida, niños muertos en las esquinas.
Melancolía en la pluma, sangre de tinta.
Valor y coraje,
y fuerza para vivir.
Es lo único que queda después del holocausto,
de nuestro holocausto.

SUEÑO

Te caes y no vuelas.
Te muerden y no te curas.
Te persiguen y te cogen.
Te casas y es mentira.
Todos los sueños son eso, sueños y nada más.
Los anhelos los persigues,
pero no los consigues.
Resignación, prueba de fuego.
Orgullo, no, esta vez no fui yo.
Fue eso... eso y nada más.
Hoy tienes esto en tu mano,
te confías y te caes,
pero no hay red.
No están los bomberos.
Tendrás que quemarte en el infierno y renacer,
renacer como el fénix.
Y empezar un nuevo sueño,
e intentar que este no se trunque.
Pues sueño truncado es sueño malgastado.

AMOR

Entra despacio.
Pica pero no molesta.
Te empieza a tener preso,
te sostiene.
En él te sumerges.
Te ciegas y te hostias.
Estampado en el olvido, muro impenetrable.
Y comienza la cuenta atrás: diez, nueve, ocho...
Tres, dos, uno... y cero.
Cero no es nada y nada es una estupidez.
Y eso pica y molesta.
Y comienza la inmersión.
Ahora soy un pez abisal navegando en la cloaca de querer,
sin rumbo y sin aliento,
y en fondo de tu corazón me quedaré,
y no volveré a florecer.
Porque no me riegan.
Y eso pica y molesta.
Pero hay que joderse.

TÚ Y YO

Nunca he hablado de ti directamente.
Tu pelo, tus ojos, tu cuerpo, tu cariño.
Asombroso, brillante, estupendo,
a veces disfrutado, nunca en su esplendor.
Todo tiene su origen, su semilla,
su comienzo o principio.
Era catorce de febrero,
las flores brotaban, mi cuerpo temblaba.
No hablaba, balbuceaba.
Quería un sí. ¡Así fue!
Conseguido un éxito, planes y más planes,
y algún que otro proyecto.
Comienza a construirse un edificio.
Se hace la primera planta, segunda, tercera, cuarta y...
se paran las obras.
Se empiezan a caer los muros,
se derrumba el edificio,
cuarta, tercera...
Perder el tren, perder el autobús, el barco o el avión,
nada como perder un corazón.
Y más si es por el que uno se muere, llora, grita o desea.
Después de todo queda el recuerdo,
y el ansia de que todo vuelva a ser como antes.
La unión, el amor, los dos.
Aquellos primeros meses los echa uno de menos,
los intenta recuperar, y solo consigue más lejanía.

¿Por qué será así el azar?
Devuélveme, mi niña,
devuélveme mi sol,
mi sonrisa en los labios y mi corazón.
Deseo quererla, deseo amarla de nuevo,
como al principio de esta historia de amor.

PEDAZOS DE UN CORAZÓN

Cuando dos barcos se alejan en alta mar,
y uno de ellos no ve en la niebla,
surge un hondo penar en la bodega del otro,
ya que ve su caminar, solo en la oscuridad.
Sin una luz que lo guíe ni un faro para embarcar.
Son tus ojos, son tus labios,
es tu forma de amar cuando me amas de verdad.
Te piensas que soy igual, pero no sabes lo que es,
lo que en realidad se esconde dentro de mí,
un corazón incansable,
que lucha contra viento y marea por tu amor,
quiere conseguirlo y le cuesta,
son las cosas del querer.
I need your body,
I need your soul,
I need everything that you got.

ACCIDENTE

Líquido vital derramado en el asfalto.
Olor a petróleo cubriendo las grietas.
Impacto en la vida, fuego en la muerte.
No se ha tratado de la mala suerte.
Pensamientos de toda una vida,
película fatal.
Redimiendo pecados,
pensando en lo pasado.
Penas y alegrías a ritmo de vals.
Dama oscura como compañía.
Dama blanca llorando en tu pecho.
El fin del río, principio del mar.
Y en tu delta, la despedida.
Debiste frenar, debiste frenar.

LA MATANZA

Caminando confiado,
un grupo de gente...
¿Qué celebran?
Te acercas y...
Acero curvado hundido en tu garganta,
chillas, te ahogas y no pasa nada.
Te tiene cogido, te tiene apresado,
pierdes tus fuerzas y no pasa nada.
De pronto te lanzan a la mesa
y una mujer de rostro sonriente se acerca acero en mano.
Penetra la hoja helada.
Te vacías, te mueres y no pasa nada.
Cuando te quedan tres suspiros de vida,
agua hirviendo por la oreja
es lo último que sientes,
y no pasa nada.

ANSIEDAD

Espasmo de puro odio,
talado el árbol,
caído en el suelo se agita.
Convulsiones recorren las venas,
extremidades sin control.
La voz callada.
La voz activa.
La voz callada pero activa.
Observas pero no te relacionas.
Oyes pero no respondes,
lloras pero no puedes.
Golpes en tu mejilla.
La voz callada.
La voz activa.
La voz callada pero activa.
Líquido en tu garganta,
al fin hablo...
Espasmo de puro odio.

NINFA GITANA

Ninfa gitana, ninfa morena,
en el bosque te pierdes entre la arena.
No puedes ver, te lo impiden las ramas.
Te encuentras una flor,
divisas una montaña.
Ninfa gitana, ninfa morena,
ahora la felicidad recorre tus venas.

BELLEZA DE GRANADA

Enclavada en la montaña,
oro, marfil y barro.
Se encuentra una dama desnuda,
se encuentra una dama sola,
la visita la gente, pero añora su pasado.
Pasado de fuentes y baños,
pasado en la memoria de antaño.
Mancillada en el centro, fastuoso palacio,
poesía en la arboleda, lamentos lejanos.
Matemática indescifrable, geometría admirada.
Todo un estandarte del orgullo moro.
Guitarras en las callejas,
cámaras en los bazares.
Se encuentra una dama sola,
se encuentra en los alminares.

ASCENSIÓN

Lenta agonía por el túnel oscuro.
Agachado, cabizbajo, haces tu camino,
te duelen los pies, te duelen las manos.
Heridas en las palmas.
Heridas en las alas.
Lo que antes fuiste lo quieres ser.
No lo consigues, sonríes.
Pero por dentro se corroen las entrañas.
Poco a poco haces tu camino.
Heridas en las rodillas.
Heridas en la faz.
Parece que descansas,
pero vuelves a caminar.
Lento recorrido con paradas en jaulas de cristal.
Ves a los tuyos, los amas pero tú deseas más.
Heridas en el vientre.
Heridas en tu mente.
El camino parece acabar.
Luminosidad en tu tramo final,
recuperas tus alas,
comienzas a volar.
Ves a los tuyos de lejos andar,
los echas de menos, ya los verás.
Heridas en tu alma.
Heridas en tu corazón.
Parece que, por fin,
acabó lo peor.

LA VIDA

Siguiendo el camino recto
se llega al final del bosque.
Talando los árboles no hay camino.
Leñador impetuoso, con el hacha rebanas la vida.
En el mango mentiras y en la hoja desaires.
El tronco cae y cruje en el suelo.
Se caen las hojas aplastadas.
Segas el camino, ya no hay vida,
el hacha cortante rompe el camino,
guadaña que siega.
La vida es una rosa, pero no es rosa.
Abona tu flor,
riega con cariño o se marchitará.
Cuídala, hazle caricias o se secará.
Cámbiala de tiesto o morirá ahogada.
Pódale las impurezas, o se echará a perder.
No hay que ser leñador, sino jardinero.
Siembra y tendrás fruto,
siega y tendrás muerte.

ALMA

Alma perdida, alma nacida.
Eres el fruto de la unión, no eres fruto del error.
Yo te quiero, pero no puedo.
Me aprieta la soga y te lanzo al precipicio.
Contra mi voluntad empujo.
Pago y te pierdo.
Podías ser mi anhelo, pero fuiste mi castigo.
Te quiero y te odio, y no tienes nombre.
No eres nada más que un alma, un sentimiento.
Y te fuiste porque yo quise.
Maldigo mi mano que pagó por perderte.
Maldigo mi alma y maldigo mi suerte.
Pudiste ser vida y fuiste muerte.

SOGA

En la mitad de mi vida se cae la venda,
renacen horrores, renacen temores.
Soga fuerte que amarras mi vida,
no te rompas ahora que estoy en la mitad.
Casi veo el final en tu extremo.
No te rompas ahora, ten piedad.
Te deshilachas y me mareo,
me sostengo con una mano.
Me estoy cayendo.
No tires piedras encima.
El agujero es hondo, el principio del fin.
Soga, no te sueltes, no te rompas.
Cuerda, amárrame, solo quedas tú.
No te rompas, no te rompas.

QUIERO

Quiero la vida, no quiero la muerte.
Quiero la dicha, no quiero la pena,
quiero tener en la vida suerte.
No este dolor corroyéndome la vena.
Quiero alegrías, no quiero tristezas,
quiero caminar por el mundo bien alta la cabeza.
Quiero cariño, no quiero perjurio.
Quiero amor, no quiero piedad.
Quiero quitarme de encima esta maldad.
Quiero vivir, no quiero en vida morir.
Quiero ser y pertenecer.
Quiero respirar sin nadie ahogar.
Quiero, quiero y no puedo.
Creo, creo y te quiero.

MUJER ANDALUZA

Si la pintura cobrara vida de un cuadro andaluz,
esa, cariño, serías tú.
Si el olor a azahar y oliva tomaran cuerpo,
ese cuerpo sería el tuyo.
Si la Alhambra, Mezquita, Giralda fueran mujer,
tendrían tu nombre.
Si las melodías de Falla fueran imágenes,
esa imagen sería la tuya.
Eres pura y sincera,
por ti daría mi vida entera.
Eres el parangón de lo andaluz.
Eres casta y castiza.
Eres guapa por dentro y fuera.
Eres una guitarra, eres melodía.
Eres bonita, eres melancolía.
Dulce como un pastel.
Pero tienes carácter, ¡como hay que ser!
Me faltan palabras y se me gasta la pluma.
Pero no tengo duda,
que todo no es suficiente,
que eres muy bonita y no me cambies en la vida.

HILO VITAL

Sangrante llaga en el fondo de mi alma.
Sin hilo que la remienda,
sin aguja que la ayude.
La vida es cruel,
todo te lo da
y todo te lo quita.
Abismo oscuro sin luz al fondo.
Crees que lo tienes y lo pierdes.
La vida es cruel,
sentimientos nobles,
no son suficientes, son pobres.
La vida es cruel.
En mi pluma sangre, y en mi papel piel.
En mi mente dulce, en mi corazón hiel.
Se rompe la vida,
se rompe la estima.
Los ojos secos, sin líquido vital,
se han secado de tanto llorar.
Las manos ásperas de tanto rezar.
La vida es un hilo que quiero cortar.

AMAR/SENTIR

En estas líneas te voy a decir
lo que es amar y lo que es sentir.
Amar es poder ver todas las mañanas
tu rostro resplandeciendo con el sol.
Sentir es estar a tu lado y respirar a través de ti.
Sentir, vivir y no morir.

RENACIMIENTO

Eres una palabra,
una frase,
un sonido, una risa.
Eras etérea.
Aquel día te hiciste carne,
te conocí, me gustaste,
y rápido te amé.
Me amaste.
Cariño forjado en poco tiempo.
Cariño y amor grabado a fuego.
Cuando el verano caía,
nuestra vida nacía.
Me diste todo lo que puedo desear,
sin pedirme nada a cambio,
eso es amar.
Amar eres tú, y no lo vivido.
Amor eres tú, y no lo conocido.
Amar, amor, sentir, vivir.
Verbos que quiero conjugar a tu lado.
Quiero amarte, besarte, quererte.
En lo me queda de vida,
pues no tengo otra salida.
Sí quiero complacerte.
Y darte lo que te mereces.

SOLO DOS PALABRAS

Solo dos palabras, te quiero.
Solo dos palabras, te amo.
Solo dos palabras, te adoro.
Solo dos palabras bastan para expresar mi ser.
Solo dos palabras para demostrar mi querer.
Con solo dos palabras se proyecta mi anhelo.
Con solo dos palabras se hace carne mi deseo.
Dos palabras bastan para juntar tierra y cielo.
Dos palabras bastan para sellar lo sagrado.
Sagrado como tu ser que para mí lo es.
Sangrando mi corazón por él.

SANGRE DULCE, SANGRE AMARGA

La sangre que circula es dulce hasta que se vuelve amarga,
amarga por el tedio, amarga por la nostalgia,
amarga por la cama. AMARGA.
Circula por las venas del cuerpo, rompe el corazón
y te rompe el alma, te atrapa en su sinrazón
y no te das cuentas hasta que es tarde.
Es tarde y no puedes replegar velas, es tarde y te estrellas.
Pierdes tu norte. Pierdes tu estrella.
Pierdes lo que te sustenta.
Entonces te estrellas por la sangre amarga.
Y mueres, mueres en vida por no dulcificarla,
y mueres, mueres herido.
Sin sentido, sin vida inerte, esperando que el aire te lleve.
Esperando que no te atormente, la sangre amarga
y desciendes al infierno.

OBLIGADO AL OLVIDO

Este sentimiento obligado a guardarlo en el cajón.
Obligado a relegarlo al desván.
Obligado al nunca jamás.
Obligado al borrado.
Obligado al no dado.
Obligado al no sucedido.
Por más años que haya sido.
Este sentimiento puro.
Este sentimiento duro.
Sentimiento independiente.
Sentimiento que no me comprende la gente.
Este sentimiento que rompe e inunda.
Sentimiento que llevo a la tumba.
Guardarlo, tengo muy a mi pesar que olvidarlo.
Sentimiento mortal, sentimiento retorcido.
Sentimiento sin sentido.
Sentimiento no agradecido ni correspondido.
Debe ser extirpado, olvidado, aniquilado.
Debe ser olvidado, debe ser ahogado.

LEGADO DEL ALMA

Lo que ayer eran risas, hoy son llantos.
Lo que ayer era cercano, hoy es lejano.
Lo que ayer era vida, hoy es muerte.
Ayer te conocía, hoy no sé quién eres.
Te tenía a mi lado. Te añoro sin sentido.
Me traicionas. Te perdono.
Yo te amo. Tú me odias.
Yo te anhelo. Tú me bloqueas.
Es un vaivén emocional.
Es un remolino sin sentido.
Es un querer suicida. Es exponerte al destino.
Es un deseo, es un quiebro del alma.
Es una vena rota, es una cabeza loca.
Es un ser mitológico. Es algo neurológico.
Duermo, te veo. No duermo, te veo.
No quiero verte pero te veo.
No quiero verte aunque ese es mi deseo.
Quiero abrazarte, olerte y quererte.
Pero ahora mismo soy un ser inerte.
Recuerdos inmersos en golpes de agonía.
Recuerdos inmersos en golpes de ironía.
Recuerdos.
Anhelos.

LA HERIDA

Esa herida cerrada en falso.
Fracaso tras fracaso.
Esa herida sangrante.
Esa herida supurante.
Esa herida profunda.
Esa herida iracunda.
Esa herida restañada.
Y apuñalada.
Esa herida ahora con costra.
Esa herida esperando.
Esa herida curando.
Buscando.
Buscando rellenarse.
Pero sola para no mal formarse.
Deseando, preguntando, buscando.
Ella sola se tiene que ir arreglando.

LUNA

En mi soledad callada
ansío que la luna me atrape.
Me atrape y me lleve a la nada.
Dejar de ser puede ser bonito.
Más cuando todo lo has perdido
y no tienes un rumbo fijo.
Dejar de ser puede ser sin duda alguna
una comunión con la luna.
Brillar en el firmamento.
Brillar y ser eternos.

TRES LETRAS

No eches sal en la herida.
No eches, no va a cicatrizar.
No vale pasión desmedida.
No vale amor sin medida.
Se acerca la fecha,
mas no hay flecha.
Una vida vivida,
al parecer ilusión o mentira.
Un proyecto truncado
por no saber lanzar los dados.
Teniéndote a ti
yo era feliz.
Mas al parecer tú creías
que era tenerte sin quererte
y se ha convertido en quererte sin tenerte,
soñarte sin probarte,
amarte sin abrazarte.
Sé que esto no será jamás correspondido.
Y eso tiene a mi alma en vilo,
en vigilia sin pastilla.
Mas con ella logro cruzar la orilla.
No sé si es vivir queriendo
o morir sufriendo.
En brazos de otro te encuentras.

Mas a mí eso me da pena,
pena de saber que sin querer te has equivocado.
Nunca nadie como yo te amo te ha amado.
Me duele dañarte, me duele bastante.
Quiero aprender a odiarte.
Pero mi corazón mira a otra parte.
Tres letras tiene mi anhelo.
Mi desvelo.
Mi desasosiego.
Tres letras y un muro alto como castillo.
Lo veo, lo palpo y no lo entiendo.
Como ayer y como hoy
qué ha sido de mí y lo que soy.
Vagabundo errante perdido de nuevo.
Buscando un camino que en realidad no quiero.
Buscando un camino que no veo certero.

CELDA TRES

Celda tres,
el mundo al revés.
Celda tres,
no eres culpable.
No hay trato amable.
El tiempo se congela.
Quiero dormir.
Celda tres,
¿qué hago aquí?
Soy culpable de haber amado.
Soy culpable de haber querido.
Se me acusa de agredir.
Se me acusa de perseguir.
Se me acusa con maldad.
Se me acusa y fue en Navidad.
Se me acusa de amar.
Mi sangre, que me quiere acompañar.
Venganza por giro del destino.
Venganza de por sí destruyendo lo bonito.
Ser inerte de brazos largos.
Ser inerte de malos tragos.
Celda tres, quiero salir.
Celda tres, quiero vivir.

PUTAS NAVIDADES

Navidad, la época más hipócrita.
La gente se reúne para verse las caras,
obligatoriamente,
aunque se odien a muerte.
Navidad, te beso, te abrazo y mientras te apuñalo.
Personas y personajes envueltos en jirones de caretas.
No importa que sea Navidad si la cosa mala viene,
vendrá.
Navidad, luces para celebrar.
Navidad, luces para na.
Ese periodo de tiempo que cuando eres niño ilusiona.
Con el tiempo una mierda, sacadineros
y que tus errores no perdona.
Navidad, ha nacido el niño Dios.
Navidad, alegría para tos.
Una mierda envuelta en espumillón.
Comámonos las uvas en cotillón.
Los reyes vienen,
qué ilusión.

ADVIENTO, TE REVIENTO

Me robaron la Navidad
cuando descubrí la falta de bondad.
Me robaron la Navidad cuando me trataron con maldad.
Me robaron la alegría y la cambiaron por agonía.
Me robaron la chispa y la cambiaron.
Me robaron y la alegría mutilaron.
Ahora la odio, llena de hipocresía,
es la época más falsa,
excusa para sentarte delante del que no te sientas
u oír tonterías que alimentan.
Me robaron la Navidad y la cambiaron por mezquindad.

UN DÍA COMO HOY

Un día como como hoy viniste al mundo.
Un día como hoy cambiaste mi rumbo.
Un día como hoy tardaste bastante.
Un día como hoy ya eras grande.
Un día como hoy abriste tus ojos y me miraste.
Un día como hoy me hiciste importante.
Un día como hoy olí tu piel por primera vez.
Un día como hoy me pareció oler miel.
Un día como hoy me hiciste levitar.
Un día como hoy me convertiste en papá.

REGALO DEL CIELO

Lo único bueno de esta aventura
tiene nombre,
es ya casi un hombre.
Lo único bueno que he sacado
es una compañía para siempre a mi lado.
Lo quiero y admiro,
a veces se porta como un niño.
Le regaño, aunque no me gusta hacerlo,
pero es parte del proceso de la vida.
Quiero que no pase por donde yo he andado.
Quiero que no camine mi pasado.
Quiero que sea feliz y yo verlo.
Aún recuerdo cuando te tenía en mis rodillas.
Aún recuerdo cuando tomabas la papilla.
Has sido mi anhelo.
Has sido mi regalo del cielo.
Me has hecho y me harás sufrir.
Quiero tenerte junto a mí.
Has sido mi anhelo.
Has sido mi regalo del cielo.

CORAZÓN

Corazón de remiendos.
Corazón remendado.
Corazón cosido.
Corazón tendido.
Corazón henchido.
Corazón con tiritas.
Corazón tiritando.
Corazón esperando.
Corazón palpitando.
Corazón colapsado.
Corazón querido.
Corazón protegido.
Corazón de remiendos.
Corazón empezando.
Corazón esperanzado.
Corazón remendado.

MADRID

No te he visto y siento que te conozco.
No te he tocado y siento que parece que ha sido.
No te he besado y lo he sentido.
Estás lejos y a la vez cerca.
Una tortura del alma, una lucha sin calma.
Quiero verte, tocarte y abrazarte.
Quiero que me sientas y tenerte en mis brazos.
Quiero unir nuestros pedazos.
Pareces estar tan cerca y a la vez tan lejos.
Ojalá pudiese atravesar el espejo.
Estar contigo por un instante.
Robarte una sonrisa.
Sentir tu piel exquisita.
Probar tu sabor, Canelita.

CANELITA

Llegué, bajé y te encontré.
Allí estabas sentada,
me guiñaste un ojo.
En el momento me causó sonrojo.
Fui a besarte.
Y al mirarte mi vida animaste.
Me fundía en tu mirada.
Me fundía y no te decía nada.
Comimos paseamos y...
de alguna manera nos íbamos queriendo.
Poco a poco, pero aquello iba cediendo.
Vi en ti la mujer que eras.
Vi en ti que gustabas de veras.
Después nos quisimos.
Más tarde dormimos.
Te abrazaba y besaba.
Y no quería que terminara.
Al alba nos amamos.
Un pedazo de mí se quedó allí.
Un pedazo de mí se quedó en Madrid.
Guárdalo con recelo.
Guárdalo con anhelo.
En breve volveremos a vernos.
En breve volveremos a querernos.

TUYO POR SIEMPRE

No te conozco.
Pero es como si lo hiciera.
Tornas mis mejillas carmesíes.
Estabas ahí toda la vida.
Afín a mí pero escondida.
Sal a la vida.
Déjate ver.
Te prometo que no va a doler.
Te puedo llegar a querer.
Creía que no existías.
Y de pronto existes.
Vienes a mí y te fuiste.
Deseo mirarte a los ojos.
Sin ningún sonrojo.
Deseo verte y deseo conocerte.
Tuyo por siempre...

SARABEL

Sarabel, tienes nombre de cuento.
Sarabel, nombre bello de mujer.
Princesa cordobesa
con labios de fresa.
Sarabel, trato de conocerte
y no consigo verte.
Mas si lo intento
podrás ver
cómo agradezco el poderte conocer,
tomar algo o invitarte a comer.
Gracias a ti
volví a escribir
y me diste fuerza para vivir.
Supermamá con su pandilla.
Friki, y a la par responsable y loquilla.
Sarabel, gran mujer a la que quiero conocer.

ÉBANO

Del color del ébano es tu piel.
Tocarla suave es todo un placer.
Besar tus labios y poderte abrazar.
Besar tus labios mas no pensar.
Aventura nocturna,
divertida tu risa y divertido el momento
donde la pasión fue en aumento.
Me perdí en ti.
Me perdí y me fundí.
Contigo aprendí que con muy poco se puede ser feliz.
Contigo reí, bebí.
Y sin darnos cuenta el tiempo pasaba.
Y sin darnos cuenta la vida contaba.
Y sin darnos cuenta la vida gozaba.
Y sin darnos cuenta
la noche se acababa...

AHOGO

No soy un perrito piloto.
No soy una chochona.
Mi alma grita, mi alma llora.
Me siento dentro roto.
Teniendo todo, no tengo nada.
No tiene valor ni mi mirada.
Media vida cumplida.
Media vida perdida.
Las circunstancias me amenazan.
Yo tengo miedo y no me abrazan.
Siento dolor y siento pena.
Muy larga es mi condena.
Tuve que ser muy malo en otra vida
Tuve que ser más malo que el caballo de Atila.

ABRIL

Abril, la primavera empieza a brotar.
Abril, el mes en que te conocí.
Abril, mes para amar.
Abril, mes para gozar.
Querer y ser querido.
Amar y ser amado.
Sin pena ni pecado.
El olor de tu piel, el sabor de tu cuerpo.
La dulzura de tu rostro.
Tu mirada al amanecer.
Abril, mes para sentir.
Abril, mes para volver a vivir.

ÁNGEL

Caminando por mi senda me encontré un ángel herido.
Herido por un arma distinta a la que a mí me hirió.
Me miró a los ojos y cogió mi mano,
y me dijo que con él no pasaría frío,
que con él no habría más hastío.
Ámame, yo te amo.
Quiéreme, pues te quiero.
Cúrame, yo te curo.
Y, es más, te aseguro y auguro
que mi querer es puro,
que te tengo y me tienes.
Que si te apuras beso tus sienes,
que si lloras tus lágrimas beso,
que si mal tengo te lo confieso.
Sé conmigo y contigo seré.
Vuela conmigo y contigo volaré.

DUALES

Perdiendo de mí para perderme en ti.
Dejar de ser y fundirme en tu piel.
Navegar por tu sangre y saciar mi hambre.
No ser uno, ser dos.
Loco me ato pensar en cuatro.
Ser feliz y no parar de reír.
Sentirse amado y ser besado.
Estar contento, gritar tu nombre al viento.
Argumentos más que suficientes para completar una vida.
Argumentos de un nuevo punto de partida.
Mochila vacía, nueva aventura.
Llenarla de cosas, llenarla de tu dulzura.
Dejar de ser, empezar somos.
Dejar de ser, ver de nuevo amanecer.

PENSAMIENTO

Ternura, calidez,
se atrevieron a romper.
Amor, complicidad,
sin escrúpulos mancillar.
Mirada serena, turbada buscando abrigo.
Malhechor encima siendo testigo.
Embriagado el alma tomando el cuerpo.
No había piedad en ese momento.
No importa, no importa,
en aquel momento rota.
No importa, ven.
Yo te quiero, quiéreme.
Sé tú, no dudes.
Sé feliz, no te turbes.
Nueva historia.
Borra de la memoria.
Nueva vida.
En tu interior escondida.
Felicidad y sosiego,
es lo que yo para ti quiero.

REFLEXIÓN

Cuando eres un niño sueñas con ser alguien importante,
tener una casa, hijos, una mujer que te quiera.
Cuando eres adolescente pierdes una vida,
a pesar de los pesares.
Cuando eres un hombre buscas alguien para formar familia.
Cuando maduras tienes hijos y los crías.
Cuando pasas los cuarenta sufres por él,
le proteges y lo cuidas.
Llegando a los cincuenta te haces cargo en exclusiva
Ahora con cincuenta, para cincuenta y uno,
parece que he vuelto a la casilla de salida,
con el mismo sentimiento de incertidumbre,
con la misma angustia,
sin saber qué hacer o qué decir, acudiendo aquí y allí...

PELUCHITO

Peluchito blandito,
suave y juguetón,
corriendo por los pasillos como un ciclón.
Peluchito fiel y bonito.
Con ojos ámbar y de botón.
Con su ronroneo te libera la tensión.
Si tienes frío te calienta.
Si tienes pena te alienta.
Sabe cuándo estás mal
y te viene a consolar.
Le gusta correr y le gusta volar.
Y le gusta de saber a rabiar.
Peluchito, te quiero, chiquito.

DESTINO

Destino manirroto.
Sin poder coger lo tuyo.
Manirroto destino.
No alcanzas lo divino.
Te afanas y lo luchas.
Pero la mancha se extiende.
Quieres y no puedes.
No sale bien lo que emprendes.
Añoras cuando no había de qué preocuparse.
Sueñas cuando eras un infante.
Muy pronto el signo marcaste.
Ganas y pierdes al instante.
No sabes nada y crees saberlo todo.
La realidad te hostia y te pega fuerte.
Tratas de seguir resilente.
Tratas de flotar resistente.
El reloj de arena vuelca su tierra.
El reloj de arena marca tu pena.
Destino manirroto.
Manirroto destino.
Sueñas con cumplir tu camino.
Manos laxas agarran.
Dedos quebrados dejan pasar la tierra.
No sujetan con fuerza y te pesa.
Es la pena que te queda.

ÍNDICE

Este libro se terminó de editar en Granada
en junio de 2025 por

Aliarediciones

www.aliarediciones.es
info@aliarediciones.es